AF607435
AVERSO

EL SUEÑO DE LOS DELFINES

José María Muñoz Quirós

Número 43 de la Colección **AVERSO POESÍA**

El sueño de los delfines

Edición al cuidado de Averso Poesía
www.aversopoesia.com

Imágenes de cubierta: Rawpixel.

Primera edición: enero de 2025
ISBN: 978-84-10027-54-1
Depósito Legal: GR 52-2025

Impreso en España - *Printed in Spain*

El papel utilizado para la impresión de este libro está calificado como papel ecológico y procede de bosques gestionados de manera sostenible.

EL SUEÑO DE LOS DELFINES

José María Muñoz Quirós

Los delfines duermen con los ojos abiertos
contemplando
en el fondo de los mares
el rostro perdido de los peces,
la profunda armonía
de la corriente de la noche
en los confines donde apenas pueden
adueñarse del sueño.

Los delfines, como los poetas,
abren en el cerebro dos caminos
para seguir
brotando en las palabras
o cesar en la orilla del lenguaje
hasta perderse
en la retina de una voz sin rumbo,
y escriben
con el abismo de su boca
el itinerario de la música
en las flores del agua.

Los delfines
despiertan y se duermen
en una permanente incertidumbre,
sabios por conocer
todo lo que sucede
a su alrededor
donde las aguas esclarecen
en el fluir dorado de las olas.

También, como sucede en los poetas,
los delfines contemplan
el delirio de las flores,
la penumbra del silencio,
la noche
encendiéndose despacio
sobre los caminos de la lluvia.

Nada puede escapar a su delirio
que se enfurece y calla
cuando no han conseguido
imaginar la luz de medianoche.

Los delfines tienen los ojos vivos
para que nada pierda
la sutil presencia
de su dual mirada frente a todo.

Igual que los poetas los delfines
nadan contracorriente,
y al despertar
colmados de experiencias
saltan gozosos hasta confundirse
con la armonía azul del océano.

(El sueño del delfín)

El deseo es un pájaro
que cuando intentas atrapar
vuela más alto,
se aleja, huye, escapa
por los arrabales de la luz
y no se ciega nunca.

Nos da la mano
y nos lleva con su sutil aplomo
por las calles de la mañana,
por los arrabales
de las desiertas simas
de unos brazos.

El deseo se enreda entre mis dedos
y anhela acariciar lo que más ama,
lo más próximo al nudo
de sus batallas con el fuego.

Vivo en su presencia desbordante,
en el requiebro
del sustento ácimo de su boca,
y anhelo estar disuelto
como un flujo desnudo
entre las manos
que me devuelven la caricia
tantas veces imaginada,
presente en tantos sueños,
tantas veces oculta
en la arboleda

donde la luna riela en el anochecer
cuando desata sus desvelos
en el encuentro furtivo con tu cuerpo.

(El deseo)

LIBÉRATE
de todo cuanto en ti
se muestre insatisfecho,
de lo que crece en el origen
de todas tus miserias.

Libérate de todo
lo que oprime tu libertad,
lo que te atrapa el alma.

Verás
con los ojos más profundos
la insondable crueldad
de los mercenarios
indómitos del tiempo.

(Los ojos abiertos)

Tantas veces repito
el mismo verso
de Gil de Biedma:
que la vida iba en serio,
diré más, que la vida
pasa la cuenta de su palabra dada,
de cuanto vende a precio de saldo
si nombra
nuestro nombre,
que nos da la impresión
de que ha callado
lo que quiso salvar de la indigencia
al vivir de ese modo.

Tantas veces repito
esa obsesión, ese verso maltrecho,
esa idea de todo cuanto pasa,
que nada puedo saber
de esta vida siniestra
que uno comienza
a comprender más tarde.

(La vida aún va en serio)

No habrá más certeza
que el lugar donde tú terminas
el viaje hacia el fondo
de ti mismo.

No habrá más luz
que la que brilla
cuando oscurece
en el silencio que te nombra,
en ese vivir sin ver
cuando nos miras.

(Vivir sin ver)

IMAGINAR LA VIDA
sin los seres que amamos
puede llegar a ser
como un paisaje
que de repente deja de existir
y se pierde
en la rara memoria del recuerdo.

Sabemos
que lo que queda en nosotros
es su huella, su paso,
el eco que forma
la voz de lo perdido,
la palabra que fue
lentamente
floreciendo
en un jardín de ausencias.

Solo los seres grandes,
los que han crecido
hacia la inmensidad,
los que nunca se quedan
parados frente al tiempo,
son los que habitan
en el universo del amor.

(Seres grandes)

Los años a su lado quedan lejos.

Tal vez son sensaciones
que fluyen, días blancos
desde la luz que brota
como un néctar fecundo
que nos permite alimentar
nuestra memoria.

Estabas en mí como el reflejo
de un jardín en el agua:
los años a tu lado
fueron la inmensa gratitud
que me ofreció la vida.

Hoy vuelves, madre,
cuando contemplo
la claridad en días de tormenta.

(Volver a tus ojos)

CADA DÍA
una muerte pequeña:
la sutura del hambre,
la inevitable sordidez del frío.

Cada día
el latido
de las flores que tiemblan.

Sea así cada día
un principio mortal,
un aviso de desnudez
sobre la noche
oculta
entre los árboles del bosque,
un abrazo
de la luz en tus ojos.

(Cada amanecer)

La paradoja de vivir, de estar
en permanente cambio,
de alejarnos cada día
con el mismo misterio,
con una misma duda.

La paradoja de asumir la distancia,
de construir la luz a chorros invisibles
y esperar a que cada momento
retorne con su plena certeza
fugaz, distante y breve.

(Extraña paradoja)

SABÍAMOS CÓMO LLEGAR
hasta la última parada de la noche,
la que se queda
preludiando
la certeza de volver a encenderse
en el fulgor de la mañana
donde la luz imposible
escapa y se erige en la penumbra
que no ha podido jamás
esconder
lo que olvidado se pierde
cuando nadie nos mira.

(Sabiduría)

En mi mano
las caricias responden
al deseo
de que al tocar tu piel
asuma la levedad
que me reafirma en ti
con la inequívoca sensación
de tu tacto.

Oigo tu voz
y estoy volando hasta el origen
donde me arropas con la palabra
que sin saberlo
está brotando en mi deseo.

(Tacto)

Hay palabras
que siempre vuelven.

No sabría decir
cuáles han sido
las que con más dolor
retornan a mis labios.

Tan solo
me queda la duda
de saber cuántas han sido
las que han llenado mi boca
con su sabor
de insumisión y miedo.

(Algunas palabras mudas)

La puerta sigue de par en par.

Llega un sonido lejano, incierto,
viene de otra orilla,
de otro paisaje, de otra mirada
que observa nuestros pasos
en el desfiladero de la noche.

No sabemos si esa puerta deja ver
lo que fuimos:
un preludio de soledad
que no encuentra la forma
de habitar el pasado,
los aledaños de la memoria
que nos regala
el tránsito al silencio.

Al final un perfume de rosas amargas.

La puerta sigue abierta de par en par.

Se ha colado el olvido.

(La puerta de acero)

VIVIRÉIS SIEMPRE
porque estáis en nosotros,
y al encender la luz de cada día
renace una vez más
vuestra presencia a nuestro lado.

Viviréis siempre
si al decir vuestros nombres
una imagen traspasa nuestros actos
y los llena
de la inocencia de las cosas.

(Padres)

He dejado la puerta abierta
por si volvías.

Nunca sé
si esa puerta
está esperando la llegada
de alguien
o si ha dejado escapar
a quien estaba dentro.

Si va a llegar quien no esperamos.

La puerta está de par en par;
no sabemos
si sales o si llegas.

Hacia afuera o adentro
la puerta nos acerca
al territorio desvalido de ti mismo.

(Puerta incierta)

VIVO ENTREGADO A TI
como si fuera
un animal sin otro oficio
que perseguir tus pasos.

Vivo así
en la inseguridad
de hallarme oculto
en el desvelo que me ofrece
tu proximidad, tu caricia segura,
tu distancia.

Vivo así
hasta el final
de ese camino compartido
con el tiempo
que queda y no lo sabes.

(Decisión)

VIVIR EN LO ESENCIAL,
en la fuga interior de la armonía,
en el tiempo fecundado
con la verdad secreta,
tan lejos de todo, tan ausente.

Vivir en una cárcel
de agua sin ahogarnos,
sin ver los derroteros
de la fría nevada
entre la espuma
de las cimas del alma.

(Ceguera)

«Sexo, ¡consolación de la miseria!».
P. P. Pasolini

No es cierto. Había un ángel
en las alas de los días, y al volar
descubriría su apetencia y su gozo.

Pero no es cierto que al volver esa esquina
reaparezcas inmóvil, como una palabra
quemada en los labios,
como un nombre miedosamente mudo.

Consolación de ser carne desierta,
estiércol ácido, tentación de cuerpo asido
a otro cuerpo, caricia breve que es silencio,
que no sabe decir sílaba alguna.

Aparecerán las sombras. Y tú.

Enseñarás la herida que la mirada
transforma en noche. Viviremos
contagiados de hojas estrictamente bosque
vacío, hueco en las entrañas. Beso de tempestad.
Deseo. Consolación de la miseria
al borde blanco del alba de unos ojos.

En el amor una ciega palabra te consume,
una llama fundida a la razón quema tus ojos.

En el amor se escriben los nombres con letras diáfanas,
con tinta de cal, con una música que enmudece de pronto.

En el amor la espuma de la nieve
es más blanca que el frío.

En el amor
la luminosa incertidumbre palpa tus labios
para sellarlos con lágrimas de nácar.

En el amor
se desposan los días con la sangre violeta
que la noche esclarece en unos brazos encendidos.

En el amor
doy todo cuanto tengo a las horas
sumidas en un tiempo de espigas y de fruta.

Sabed que en el amor
estoy encarcelado por quien abre
en la puerta de salida el cerrojo del alba.

Y ahora,
cuando parece que nadie cuida mi casa,
salgo por los caminos del negro cabello
de la noche.

Con el amor
huyo hasta la cima que culmina
el nido de las águilas más libres.

Volveré a ti,
centro del centro, cuando buscando en mí
encuentre la luz que se desboca
como un caballo dulce de alma blanca.

Camino por la acera
pequeña
de un poema,
hasta su celeridad callada,
hasta la cima
del reconocimiento
del lenguaje.

Voy hasta el dominio
de la palabra
cuando se pierde
en un renglón sin nombre,
en una calle que no tiene salida.

Allí estás tú
esperando
que el poema termine
en un abrevadero de silencio.

(Poética)

TAL VEZ LA VIDA
solo merece ser vivida
cuando se es joven,
cuando parece que las cosas
están cortadas a tu medida
con un patrón que solo tú conoces.

Y es mentira:
nadie corta los días
con una forma única de vivir.

Todos creemos
que somos inventores
del patrón de la vida.

Los días solo aportan
un pasar sin pasar,
una corriente
que transcurre imparable,
un mañana frugal
que no será mañana nunca.

La tristeza
de contemplar vacío
lo que creíamos muy lleno.

Habremos comprendido
que no tenemos más billete
que el de ida
y que la vuelta es un engaño,
una infame falsedad,

estiércol para un campo
que no es posible
ya abonar nuevamente.

Tal vez la vida
solo merece ser vivida
cuando somos
solo un proyecto hacia la noche.

(Últimas voluntades)

Aquí, en esta misma mesa,
construyo la inmensidad del mundo
en una taza de café.

A la vez
vivo en una nadería que insatisface
mis ansias de plenitud.

No sé nada. Me reconozco deudor
de todo lo que a mi alrededor transita,
pero no sé diferenciar
lo que en verdad me reafirma
la razón para existir,
la vida verdadera, la conciencia
que me libra de todo cuanto no tiene
mayor posibilidad de seguir existiendo.

Sé que habito en un instante mínimo,
en un punto de imprecisión que queda lejos
de toda la grandeza profunda de la vida,
de todo lo concreto en un universo
de abstracta realidad que presupone
vivir sin importancia.

Sé que nada soy.

Lo pequeño se apodera de mí
y reafirma la lealtad que debo
al saberme portador
de un misterio que me crece
y tantas veces irrumpe

con la ansiedad de un pájaro
encerrado en la jaula
del tedio y de la noche.

Aquí, en mi mundo apartado,
en ese pequeño universo
que yo solo reconozco que es mío,
que me pertenece
y al que puedo modelar con las manos
de un silencioso destino.

Aquí ahora que todo parece ser
el reflejo de una paradoja del olvido.

Nada soy y nada espero:
que pasen las horas con su tránsito de melancolía,
con su agónico roce de inquietud,
que se pierdan los días
en el río insaciable del tiempo.

En esta misma mesa la mañana irrumpe
como un secreto guardado
en la insignificancia de esta taza
donde el café me acerca
el perfume de su melancolía
también negra,
oscura como los dedos de las horas,
como la impensable verdad del silencio
que se ahoga en mí, que tiembla,
que origina en mis palabras
una duda que nunca resolveré.

Cierro los ojos
y todo lo que me rodea se esconde lentamente
en la sombra transparente de mis sueños.

(Primer café de la mañana)

¿Un poema puede ser útil,
puede reclamar la dignidad del pájaro
que cuando vuela sabe dónde está el fulgor
de las cosas que ha pintado la luz en la mañana?

Así expresa sus anhelos más libres
entre los brazos dóciles de un verso,
y aproxima su presencia hasta el lenguaje
donde mana en cada labio el sonido
que construye entre las sombras
la silueta invisible del misterio.

(Misterioso mirar)

Mi madre se asomaba a la ventana
cuando yo volvía de la escuela
y la vida una vez más se construía
con la intensidad de lo más bello
que va pegado a mí como una imagen
que escondo entre mis ojos
para que nunca se borre su presencia.

(Memoria materna)

SIEMPRE LA LUZ
elige un territorio nuevo para nacer,
un espacio distinto,
una manera extraña de existir
en su ilimitada carrera hacia la noche.

Siempre la luz es otra,
siempre nueva; nunca se repite
en un mismo dominio de impaciencia.

La luz es la constancia. Nunca muere.

(Nacimiento de la luz)

«La lluvia es una cosa que sin duda sucede en el pasado».
J. L. Borges

LA LLUVIA FUE SIN DUDA AQUEL SONIDO
que se durmió en un tiempo que recuerdan
los días que no vuelven. Fue el reflejo
que aprendí en un idioma sin lenguaje.

La lluvia fue el verano que en las tardes
transformó la tormenta en un oscuro
cielo gris que al pasar dejó un reguero
de nubes y de sombras, de agua herida.

La lluvia sucedió en aquellos días
felices de la infancia. Fue el remanso
que ha fluido en las noches del invierno.

La lluvia fue la extraña certidumbre
que me conduce y que retorna siempre
al inocente origen de las cosas.

(La lluvia que nos moja)

Retornará
en su quebrada plenitud
la llamada del paraíso,
la huida presurosa
que se engendraba en los días
como si se escapara
en su tristeza el mundo,
como si su sonido transparente
se alzase hasta ese instante
para llorar
alguna pequeña nostalgia ya perdida.

(Lo perdido)

Se oyen las bombas arrasando la noche.

Suenan los ecos bruscos de la muerte,
los gélidos relámpagos del miedo,
los estruendos intensos cuando estallan
en la ciudad sitiada. Solo puedo
cerrar los ojos y esperar que cesen.

Escondo bajo las sábanas mi rostro
para dejar a un lado este tormento,
para sentir más cerca las ausencias
de los amigos que se encuentran lejos,
y saber que Leonor sigue a mi lado,
que me acaricia dulcemente y me habla
con las palabras que germina el tiempo.

Madre dormita sosteniendo el débil
hilo que aún permanece bien atado
a una vida que acaba lentamente.

La luna tiembla gris entre las nubes
de esta noche tan fría y tan sangrienta.

¿Dónde estará Manuel? ¿Cuándo regresa?

Llega hasta mí la estepa castellana,
el olor a romero y a tomillo,
y el Duero, entre los álamos desnudos,
serpentea despacio hasta perderse.

La lluvia esparce un desflecado olvido
en el triste jardín de Villa Amparo.

Vuelvo a escuchar el ruido de las bombas
que enmudecen de pronto y luego estallan
detrás de los cristales como estrellas.

El agua de la fuente mana y brota
en el brocal de piedra del estanque,
y el mar lejano brama lento y dócil
en la arena cansada de la playa.

Huelo el azahar de mi Sevilla ausente
después de tanto tiempo en la distancia
de mi niñez azul donde mi padre
trabaja taciturno en su despacho.

El silencio se acerca poco a poco
como una melodía somnolienta
de intermitencias lóbregas y extrañas.

Cierro los ojos para alzar mis pasos
en la noche fugaz, caverna oscura,
precipicio de roncos muros negros.

Mañana partiremos al exilio
lejos de España, patria en la derrota
que me duele tan dentro. Nuevamente
no sé hasta qué lugar irán mis pasos

que al andar van haciéndose camino
en la senda perdida de los días,
ya en el postrer recodo del viaje.

Madre está remansada entre las mantas
como en un seno dulce que abrazase
la insólita penumbra. Apenas puede
sostener el cansancio que la abate.

Mañana partiremos. No se escucha
ya más que el corazón latir deprisa
gimiendo en nuestros pechos, doloroso
presentimiento de un final cercano.

(Última noche de A. Machado en Villa Amparo)

Fuera de mí,
tan lejos y tan hondo,
tan próximo a mis ojos.

Vivir así, sin saber más,
sin conocerme, con la desconfianza
de lo inútil. Con la vida
escondida en un atajo sin salida.

Estoy así, perdiéndome
en la conjura de los atrevidos
vencedores del deseo.

(Vivir contigo)

La rotunda adversidad
está atrapada en un círculo que expresa
incertidumbre, abandonado amor,
culminación de olvido.

Allí estaba sentado frente al agua,
rumor de un mundo que me daba el paso
hacia otra inmensidad,
hacia otro espacio
abierto entre los brazos que me amaban.

No volverá ya más a acompañarme
lo que habité
en ese paraíso ya perdido
donde el amor fue construyendo
su sendero
en la culminación de cada noche.

(Amor y noche)

QUE NO PASEN LOS DÍAS
sin un gesto que encierre libertad,
que suene a inmenso grito.

Huye
de cualquier inabarcable desaliento
que tus ojos no puedan ver.

Las manos del corazón
siempre acarician la lluvia
hasta en el más secano desencanto.

Sé valiente cuando un árbol
te arroje de su sombra
al desierto del mundo,
cuando tengas en esa flor
los pétalos marchitos y no sepas volver
por los senderos bifurcados que conducen
al lugar insondable de los sueños.

(Perdido)

La palabra nos salva.

El lenguaje limpia nuestro silencio
y asume el desnudo coraje
que presupone la renuncia
a comprender lo que no tiene
otro significado
que su oculto secreto
entre sus sílabas.

(Siempre la palabra)

CADA DÍA
una muerte pequeña:
la sutura del hambre,
la inevitable sordidez del frío.

Cada día
el latido
de las flores que tiemblan.

Sea así cada día
un principio mortal,
un aviso de desnudez
sobre la tarde
oculta
entre los árboles del bosque,
un abrazo
de la luz cuando es de noche.

(Muerte de cada día)

Si el poema existe, vives.

Si no se te revela
estás
como la mudez de las cosas,
herido de ese lado
circular de la desolación.

Y no preguntes cómo se construye
su belleza íntima y callada
si en el poema te sucedes
hasta la muerte tibia de una sílaba.

(Ser en el verso)

CUANDO ESCRIBES, OLVIDAS LO VIVIDO.

Una presencia vaga de las cosas,
un soliloquio mudo.

Cuando descubres entre tus dedos
una mano secreta
estás siendo acariciado
por la ternura de los dioses.

(La otra mano)

La sospecha de un pájaro
colgado en una rama,
mirando el fruto abierto,
su pulpa encarnecida.

La sospecha de un día
sobre la luz
de un instante crecido
entre los labios de una voz
cuando va a pronunciar
las sílabas del canto.

(Creación)

Salir de lo escondido
de ti mismo.

Sin dudar un momento,
proteger
la música del alma,
esa nota sumisa y libre en ti.

Y después escapar por los mástiles
de la incesante altura
donde cuelgas tu voz
para izarla sin miedo.

(Salir sin ser notado)

Un verso es siempre un gesto,
un apretón de manos a las sílabas ocultas,
un desierto donde el agua es una roca,
un pájaro de tiempo
y el espolón de un animal en celo.

Un verso es la desidia
donde terminan las preguntas
que escondes en los bordes
del muro que levantas
para que nadie salte
al jardín donde la rosa crece
antes de marchitarse lentamente.

(La existencia de un verso)

QUE ENCUENTRES TODO
lo que has deseado: el sabor
de unos labios que te besan.

La mano que ardorosa
roza un cuerpo.

La finita
pequeñez de los ojos
cuando te miran solo a ti.

Y el reverso de todas las preguntas.

Que tengas la más intensa sensación
de volar hasta el sueño,
y que al final te quedes quieto en ti,
vacío, solo,
pleno de luz, oculto y en silencio
a la sombra del mundo.

(Anhelos)

No es esto.

He deseado siempre escapar,
esconderme, refugiarme en la huida.

No es esto.

He consumido
en el sorbo frutal de lo que es ido
la existencia de un viento sin retorno.

Lo demás, valle de flores secas,
valle gris donde espero
que vuelva la inocencia.

(Infancia)

Sé que el lenguaje es un tránsito de claridad,
que a veces es amargo silencio
y otras veces espacio que se escribe
con sílabas desnudas, con adioses.

También el cumplimiento de la noche
en un bosque de luna,
el paso por donde aprendes a ser libre,
a derramar palomas en los ojos cercados por la niebla.

Sé que cada poema es como un ramo de nubes escondidas
en el fiel horizonte de la duda.

(El bosque del lenguaje)

El día ha despuntado
en la firme presencia de tu rostro.

Doblé la esquina
de los rincones de la noche,
me quedé entre tus brazos.

Ofició los sonidos de la lluvia
como en los ecos dulces
de alguna voz oculta.

Y fuiste agua
en el brillo de luz sobre mis ojos.

(En ti)

La inmensidad de las noches
puebla mi corazón
de pájaros oscuros.

Alud de nieve negra.

Nada condena
esta manera de vivir,
y es seguro que a nada lleva
este vagar por los bosques del mundo,
por los caminos de otra mañana sin aurora.

(La soledad)

Están las horas
golpeando una sombra.

La noche espera en su humilde pasar
frente a los sauces que soportan
un nombre y una fecha
en el duro granito.

Están los lirios empezando a nacer
sobre la tierra que amamanta la nieve.

Al fondo vuela
un águila de luz desangelada.

(Campo santo)

Cuando estás todo fluye como el silencio,
como un encuentro en lo profundo
de lo que ya has perdido.

Se transforma la sombra en agua
que presupone un tiempo
en la memoria.

Se va encendiendo ese fluir como el olvido,
como un barco que a la deriva escapa
por los mares desnudos de un silencio
que navega a lo lejos.

Se va abriendo la tarde en un temblor de encinas
en la lejana línea de los campos.

Los pájaros retornan a sus nidos
cansados y perdidos.

(Cuando tú estás)

Los álamos
se abruman en la tarde,
desafían la luz,
la rigidez del viento
en su débil dominio donde escribe
el sol sus signos breves.

Alzan los brazos para reafirmarse
de elementales sombras: va creciendo
el mundo alrededor donde gravita
el misterio del alma de las cosas
pequeñas y desnudas.

(Álamos desnudos)

La mirada
que no encuentra su espacio
en el fulgor de las flores que se arrancan
derramándose entre las tumbas del silencio.

Pasa el dolor y gime como un hondo
pozo sin fondo, ternura desangrada
de la carne metálica del alma
de quien ha borrado
las huellas de una rosa desangrándose.

(Tristezas)

Desconoces el precio
de la inocencia,
la fragancia que olvida
el deterioro de la flor.

Desconoces
el lugar donde vive
quien está lejos
de la moneda y el valor
de las cosas pequeñas.

(Presentimiento)

CADA POEMA ES UN LÍMITE:
allí está sosteniéndote
a pulso. Cada día es una cárcel
de tiempo, un ritual salvaje,
una postrera sinrazón. Cada día
un faro
que recibe en su foco de luz
un rostro deslumbrado.

(Día a día)

La risa y esa lágrima
adversa. Esa caída
de la luz en el pozo
de la desnuda voz
que mece
el silencio.

No tendremos
mayor sentido de vivir.

La realidad es esposa del delirio
y amante siempre al fin
de quien no la ama.

(La amante)

SOLO LOS POETAS SABEN
que su obra
(la palabra que han cosechado
en el dolor del tiempo)
se ubica en la memoria.

Desde la fugacidad de su escritura,
los poetas verdaderos
imprimen
en su creación
un lenguaje universal,
una forma de sabiduría,
un preludio
de verdadera materia creadora.

Los grandes poetas saben
que la vida (esa corriente
inexacta) y el arte
(ese lenguaje expresado
en el misterio)
deben complementarse, fundirse
en un código en el que la vida
y la obra, sin sometimientos,
puedan convivir equilibrados
para crear belleza.

(El código secreto)

No olvides
que también nos espera
en la puerta del alma
un cazador
de palabras ocultas.

Allí se esconde
entre los juncos
a la espera.

Las ramas nos sonríen.
Los árboles nos mecen.
Los pájaros escriben sinfonías
en las copas del sauce.

Pero no olvides
que el cazador no ceja
jamás en sus deseos.

(El cazador)

Es otro quien te mira y quien resuelve
la imagen que se forma en ti, quien dice
ser en tu ser presencia y paradoja.
Es otro que está cerca y reconoce
tan bien como tú mismo. Y sin embargo
huyes de su presencia, vas deprisa
saltando por los círculos del fuego,
atravesando fuertes y fronteras
de solitarias noches. Vas mirando
a los lados del mundo, a las orillas
ardorosas del tiempo, y nada alcanzas,
ni conoces, ni ves, ni apenas puedes
abrazar sin que sientas la tristeza
de no saber el nombre de las cosas.

(El otro)

ABIERTA ESTÁ LA PUERTA DEL SILENCIO
que alimenta el vacío, el hueco absorto,
el jardín de las hojas del otoño
caídas sobre el agua cuando mana
infértil y sedienta. Abierto el frío
desde el desfiladero donde brota
un viento desbocado, una indecisa
presunción de alba y duna. Solo abierto
el relámpago, el rayo, la derrota
del clavel, la penumbra y lo sombrío
en el solar desnudo de la noche.
Más cerca está abatida la añoranza
de los años vividos. Siempre queda
un eco en el lamento de este ahora.

(El lamento)

UNA REPETICIÓN ES LARGA Y BREVE
a la vez en un son, en una pausa,
en el misterio azul y en el sendero
revestido de adioses y de ausencias,
plenitud en el fondo de un vestigio
terco y ocioso, sostenido y firme.
Una vuelta al origen, un grafismo
de letras retorcidas en su centro.
Un don de dibujar el horizonte
fatídico del alma. Voz. Simiente
que deja el sol entre la nieve oculta,
que se pierde en las sílabas del eco,
en el desván secreto de una sombra.
Fuego en el corazón que habita el fuego.

(El horizonte del fuego)

Si Luis Buñuel
despertara de nuevo
y pudiera sorprendernos
en una ciudad
donde un ángel sucumbiese
perdido entre las sombras
de los ojos de un lobo.

Entonces
el cuchillo de la luna
rasgaría la madrugada,
y allí se escondería
lejos del exterminio,
aturdido al leer en los libros
de páginas de piedra,
y meditar en el repique
de los tambores de Calanda.

(El ángel exterminador)

Leer,
sopesar las palabras
en los labios y elegir el sabor
que se paladea
cuando estamos esperanzados
y nos llega un temblor
de música, una página escrita
con la voz de la belleza,
al oído, cerca
de donde no hemos sabido
aún responder
a sus dudas más hondas,
a sus preguntas sin respuesta.

Leer como antídoto para el olvido.

(Página a página)

Bendito seas
poema escrito con tanta inmediatez,
con tanta vida.

Bendito seas siempre
en el bosque del paraíso,
en el gris del purgatorio,
en el infierno negro
donde quien entra
ha de olvidarse para siempre,
ha de dejar apartada la esperanza
de salir algún día.

Libro que huele a luz, a trigo limpio,
al pan necesario
del hombre en libertad.

Libro que no se contamina con lágrimas amargas.

Una vez más acudo hasta las páginas abiertas
donde Dante está esperando a la puerta
del penúltimo círculo del universo.

(La divina comedia)

Luis Cernuda.
Retorno hasta los versos,
al viaje
donde el olvido habita
en la imagen que se disuelve
en las arenas rotas de una playa.

No veo sus pisadas.

Participo de la vida
que oculta se reinventa
en las huellas que has ocultado
en Méjico D. F.

El deseo muestra su fuerza
huyendo de cualquier imposible realidad.

Humedece mis manos
el agua de ese amor.

Los libros son entonces
la salvación
donde el temor de morir
se esfuma como el humo.

(Exilio)

El mar es un sendero
por donde se camina.

Rafael ya no tiene el azul
escondido
en las salinas del océano,
aquel que está perdido
en la memoria blanca de la espuma,
en la distancia,
en el vuelo de la paloma
equivocada una vez más.

Los barcos atraviesan
desde el puerto hasta Cádiz,
y las playas, y las olas,
y el frío de los caminos
hasta la otra costa,
hasta Argentina,
y después
el silencioso paisaje
de la noche en el Trastévere.

Nadie volverá
hasta el momento
que se diluye
en los ojos desnudos de la luna.

Tú vas repitiendo los versos
con la música de la mar
en el retorno de lo más lejano.

Y un ángel duerme
en el desván
de una casa deshabitada.

(El ángel de Rafael Alberti)

ENTRE MIS MANOS
sus páginas se encendían
en la luz del silencio,
el agua de las fuentes
que manan melodías
y escriben en las sombras
donde una luz se esconde.

En la llama del fuego
se diluye el vacío
cuando danzan
en un jardín donde las rosas
perfumean el resplandor
por el que vuelve la paloma
al aire de ese vuelo
que es el suyo y el mío.

(Juan de la Noche)

Hace luz en la luz. Llueve.

Cuando la veo saltando charcos
no puedo llegar
hasta el empedrado de sus ojos
y me lanzo a las aguas
que germinan la niñez
en un océano de flores.

Me hace señales con los brazos.

Acudo
cuando se duerme el sol.

La música bosteza.

Gimotea una guitarra azul
que desentraña la melancolía.

(Gloria Fuertes borda sueños)

EL DOCTOR ZHIVAGO HA LLAMADO
a la puerta del invierno.

La nieve está cercando los caminos
y un tren se desliza en la llanura.

Lara espera en el lecho
ahora inquieta y sin sueño.

Lejos,
Moscú es un paraje de senderos helados,
el caos y la derrota.

En las páginas blancas de un cuaderno
escribe solitario
una carta de amor.

El frío se derrama entre las copas
de los árboles blancos.

(Lara y Yuri)

Marcel Proust
no se ha levantado todavía.
En el salón esperan dos damas
envueltas en muselina rosa.
Un abanico de seda
descansa sobre el piano.
El reloj suena latiendo lentamente.
Al fondo, en el jardín,
los pavos reales abren
de mil colores su plumaje.

Las nubes blanquecinas pasan
y van dejando un reguero
de algodones
que se desparraman por el cielo.

Cuando Marcel aparece ya vestido,
unas gotas de lluvia golpean
el cristal del ventanal y olvidan
rescatar el misterio clandestino
de un gato refugiado
bajo el techo del porche.
Sobre el mantel descansa
una taza de té de porcelana y oro.

(El tiempo parado y no perdido)

LEONARD COHEN
ha escrito un poema
en los charcos de Nueva York.

Las estrellas primeras se reflejan
en las fachadas de cristal
de la Quinta Avenida.

Los versos saben a cárcel y a niebla.

La brisa es un cielo de pájaros pintados.

Se escucha una oración
en una capilla entre árboles y flores.

Susan está tumbada en la sombra
insinuada del invierno.
La llovizna moja su tristeza.

Lorca entona un vals vienés,
y en los vestigios de la aurora
suenan las notas de un aleluya dolorido.

(Pequeño vals vienés)

Virginia Woolf ha salido de su casa.

La melancolía ensombrece sus ojos
como dos escarabajos escapados
de un jardín sin flores.

Con los bolsillos repletos de cantos rodados
se ha acercado a la orilla del río
y lentamente ha caminado
hacia el seno de la corriente.

Cuando las aguas abrazan
el vuelo de su vestido oscuro,
se ensalza la mirada
de la profundidad
en la celosía de su cuerpo.

Hundiéndose con lento peso
resbala hasta el fondo
donde el lodo recubre
como un manto de arena
su rostro que sonríe
con tristeza a la muerte.

(Bolsillos repletos de cantos rodados)

RABINDRANATH TAGORE
ha vuelto a su casa de Calcuta.
Ahora no quiere más gloria
que la inmensa soledad
que da sentido al mundo.

Santiniketan
deshace el horizonte
en el vuelo de un colibrí cansado.

Los árboles acunan con sus hojas
la libertad
de la verdad más honda.

Suena en el recodo de la tarde
el canto solidario
de los niños que rezan.

(Tagore)

Los veinte poemas de amor
enamoran a muchachas
enternecidas y sedientas de ti,
Pablo Neruda,
y se adormecen
con extraña melancolía.

Mientras tanto
cuando callan
se produce el misterio,
la ausencia,
la suave ternura del silencio
que se funde
en la arena de Isla Negra
con el vuelo tenaz
de las gaviotas.

Y una canción desesperada
fluye en la costa del espanto.

(Confieso que he amado)

Verde en el verde

I

La hierba verde
se oculta en la boca de los pájaros.

Sabe que en el cauce de sus lágrimas
se ha derramado
el líquido asombrado del rocío.

II

La hoja
aún no disuelta
en el decoro de la luz.

Verde en el ramo de una rama
remando al fondo del verano.

Días vendrán
a esconderse
en el lugar oculto de un brote
en la profundidad
del verde de sus hojas.

III

Las alas verdes
como el plumaje de los sauces,
como el sentir de una flor
en el árbol
que en mayo está brotando
en el fulgor
de un racimo que nace
en la belleza remansada
junto a la luz cuando amanece.

IV

La noche verde
del pájaro
que picotea lo imposible
antes de alzar el vuelo
sobre el bosque
y esconderse
en la espesura de los árboles
que inhabitables guardan
sus pisadas
en el cauce de un sueño.

V

El verde pinar dormido,
la comisura de la tierra
en la matriz fecunda
de una hilera de troncos
como venas del mundo.

El verde de tus manos
en el camino de un cuerpo
que acaricio
al fundirse en la sombra.

VI

Ojos verdes
acostumbrados
a mirar amanecer
en los días colmados
de vergeles de luna.

Ojos verdes
que reflejan
las esmeraldas del deseo.

Ojos del rumor de los jilgueros
cuando cantan
cansados en el nido.

Ojos verdes
que han pintado
los ángeles del beso.

VII

La verde luna
derrama la luz,
se refleja
en una ciudad oculta,
en un eclipse,
en un incendio
en los bosques del alma.

Al final
el sentir del dolor
de la arena
del reloj de tu ausencia.

VIII

Verde manzana de un paraíso.

No se divisa
el árbol que la sostiene.

Verde en las ramas y cae,
se desploma
en la desnuda mano
de un Adán salvaje.

«Mi infancia son recuerdos de un patio...».
Antonio Machado

Mi infancia se ha quedado para siempre
en un patio
donde mi abuela sembraba los claveles
como un tesoro oculto,
como una música escondida,
como el agua en la fuente,
y un sueño florecido en los geranios
de las macetas del jardín, en el recodo
donde mi alma habita un mundo amado
que se refugia inútilmente
en la sombra perdida de aquel tiempo.

(La abuela)

Para vivir no temas al sol que ciega y puede
confundir tu camino,
no te alejes jamás de lo que crece
en la fertilidad que tú has sembrado
con el trigo y la lluvia
en los campos del corazón.

Nunca huyas del misterio que responde
a tus ganas de saber y de sentir
las cosas importantes de la vida.

(Para vivir)

Olvida los obstáculos
que entorpecen tu paso
rasgando la raíz de tu destino
hacia el sueño más alto
que no abandonarás
aunque te aceche la tristeza.

Aléjate de la sorda violencia
que espanta tu aventura:
jamás pueden detenerte en ese viaje,
ahuyentar tus ansias de volar,
derribar la fuerza que ha manado
tan firme en ti cuando la luz cegaba
tus ojos con preguntas sin respuesta.

(Propósito de la enmienda)

Una forma quebrada en la brisa que esparce
el secreto silencio de una música quieta
en los abismos de sus notas.

Una fugaz estancia en lo más alto
de la voz de los ángeles dormidos
en los brazos de la melodía,
en los paisajes donde el territorio
del campo de Castilla
enciende un mar de trigo.

La voz de los senderos que recorren las aguas
de los ríos serenos.

El ruido de la nieve en las cimas de Gredos,
y el sabor ácido del viento
que golpea la sed de los sembrados
en los días de lluvia
junto a la libertad de las palomas.

Una torre de la ciudad,
un muro sonrosado de granito
cuando fruncen su vuelo los vencejos.

Una queja de los violines breves
de las tardes de invierno,
y un verano de sol sobre la almena
que suena a flor de estío
en un amanecer que elige el alba
en el dorado sueño de la música.

Así ha llegado
en cada iluminado sueño errante
por los caminos de la voz
una fiel y azul polifonía
que me lleva a mi infancia.

(Música en mí)

Siempre la luz
elige un territorio nuevo para nacer,
un espacio distinto,
una manera extraña de existir
en su ilimitada carrera hacia la noche.

Siempre la luz es otra,
siempre nueva; nunca se repite
en un mismo dominio de impaciencia.

La luz esconde
sus artificios de inmensidad
en el paisaje que una sombra protege
cuando se enciende
como un vértigo en la plenitud
de un alba nueva.

Siempre la luz descansa
en su celda de abismo
al desnudarse en el agua cautiva
de la luna primera de una fuente dormida.

La luz de cada estrella,
la luz perdida de una flor
en la tarde cuando presiente
su último desvelo
en los parques dorados del otoño.

La luz de la memoria,
y esa claridad
donde tú escribes el abecedario
de la voz efímera de lo perdido.

(Aprendiz de poeta)

«Que nos dejó un tiempo de rosas...».
Juan Manuel Serrat

RETORNARÁ
en su quebrada plenitud
la llamada del paraíso,
la huida presurosa
que se engendraba en los días
como si se escapara
en su tristeza el mundo,
como si su sonido transparente
se alzase hasta ese instante
para llorar
alguna pequeña nostalgia ya perdida.

(Pequeñas cosas)

PADRE: HOY
escucho tu voz como el eco
de los días de un tiempo en la memoria.

Estás allí y ahora,
pasada ya la orilla de las aguas más frías,
veo que una quietud como un oasis
nos enciende y nos salva,
nos alcanza hasta la inmensidad
que guardamos en el fondo
donde escondemos siempre
lo que hemos amado intensamente.

(Para después)

Mientras la búsqueda del tiempo
sea serena, mientras su paso
se ausente, escape, suba
a las ramas
y se desborde en el final
del día hasta la cumbre.

Mientras seamos hijos de esta duda
brillaremos en cada rayo
que se refleje en el remanso de la lluvia.

En el centro del río.

En el seno de cada turbulencia.

(Inquietud)

LENTAMENTE
han llegado los tigres
hasta la orilla del agua,
y luego han encendido
en el rincón profundo de su centro
una luz que nos cegaba
dejando su fulgor en un lugar
oculto,
en una caverna de soledad,
en un laberinto
que me llevaba hasta el origen
donde me quedé solo
para beber la transparencia.

Me oprimía el dolor. Un niño estaba
dormido frente a mí
y brotaba el deseo en su mirada
de despertar de un imposible sueño.

(El despertar)

NADIE TE ACOMPAÑA
cuando vives caído.

La soledad entonces
es páramo, es intensa
derrota
que la ausencia
habla siempre
en un idioma insondable
y oscuro.

(La soledad)

Por si no vuelve nunca lo que tuve,
y me llena de frío
al levantar los ojos
y descubrir que apenas se dibuja
el rostro
de quien me nombra en cada nombre.

La memoria entonces se presiente
en los cuerpos
cuando se han sublevado
contra una caricia opaca y muda.

(La desnudez)

Elige el paso de los días
y verás
cómo lo que guardas en ti
es una manera
de morir en las cosas,
de olvidarlas,
de rasgar una herida,
de presagiar
lo que estaba oculto
y nadie ha visto.

Desnuda la verdad
y encontrarás
el flujo transparente
de los ojos de un niño.

(Tras el velo)

¿ACASO LLENA EL AGUA
sus pozos profundos
sin olvidar la voluntad de la lluvia?

¿Soy yo pozo sin fondo
donde el agua se estanca?

¿Acaso llena el agua
las inmensas acequias de mi espíritu?

¿Tal vez soy un pozo cegado por el tiempo?

(Duda)

No podrás
volcarte en un poema
si no sientes
cómo la fuerza de lo esencial
desenlaza sus nudos
y te entrega tan solo lo más simple.

(Creación)

Fuiste el testigo de lo que no sabías.

Ayer estabas
sembrando lo que crece
en un campo baldío.

Fuiste leña en la hoguera
de los que hambrientos mueren
sin saciarse
en la puerta del horno
donde se cuece el pan de cada día.

(El hambre)

VINISTEIS A LA LUZ,
insinuando su paso.

Todo quedaba
a muchas horas de amor.

Fecunda cima, misterio.

Vinisteis
cuando estaba esperando
oculto
junto al rumor errante
de los veneros
donde beben los tigres.

(Paternidad)

VIENE UNA LUZ PEQUEÑA.

Entra y se posa a zaga de tus ojos.

Nos toca con sus dedos
haciendo un signo luminoso,
y se aleja. Es el momento
de sentirnos libres;
este día nos abre
de par en par
la memoria de un tiempo
en nuestros sueños.

(Recuperar lo perdido)

Existimos.

Cosidos al amor
que deposita sus frutos,
abrimos la puerta del jardín
donde beben los tigres
en el mármol
de las fuentes del tedio.

Muere la luz. La quietud
del día al fin se apaga
en una cima de soledad
en los altos caminos de la noche.

(Nocturno)

El flujo de la memoria
establece la distancia
entre lo que fue y lo que ahora
es una señal libre
que nos conduce
a otro espacio nuevo
en el libro del tiempo.

(Página en blanco)

HE CONOCIDO
la cruel espada de la envidia,
la vileza salvaje
que desenmascara al hombre
cuando es observado
por los ojos que nada saben,
que solo son un mínimo destello
de desolación.

La envidia sobrevive
al mensaje que alienta
la distancia y la deja ensombrecerse
hasta que brota,
hasta caer en el hueco sideral
del fracaso y del hambre.

(Envidia y vileza)

Es en el cauce
de la respiración de un ciervo
donde se encierra el universo
que se escribe en un poema,
cuando destruye las preguntas
que quedan en los márgenes
de ese espacio de libertad.

Una mágica realidad
reconoce su miedo,
la luz que enciende la mirada
cuando sucumbe en la noche
y no puede salvarse
de su certera oscuridad.

Entonces vuelve a brotar la palabra
como en un manantial,
y nos sacia
con la indomable transparencia del agua
esencial de la belleza.

(Ciervo herido)

Dime, pájaro solitario,
¿hacia dónde vuelas en este espacio oscuro?

Escapaste sediento de vida,
hambriento de palabras.

Dejas atrás una huella
que en el camino hacia la luz
sigue mis pasos
para abrazar nuestro vacío.

Dime, pájaro solitario,
si nos ves en cada desaliento,
en cada muerte,
en el tributo del dolor.

Si nos comprendes en el laberinto
de este idioma.

Tu soledad
nos sirve para descubrir
el hueco que se queda
en el centro del alma.

(De nuevo en mí)

Dadme la fiebre
que supura la madurez de la fruta.

Dadme el oráculo
que adivine mis pasos
hacia el hueco del amor.

Sembraré rastrojos en mis dedos
y los destrenzaré
como una cuerda de infinito
que me rozase el centro de mis ojos,
que me envolviese
en el punto que destila mi piel
al colmarse
en las aguas de tus labios.

(Encuentro)

Escribe
en la jauría
del desierto de las palabras,
en el cetrino paisaje
donde despunta el amanecer
sus luces
para llegar al final de la noche,
a la meta, al olvido de ti.

Serás
pasajero de los días
que serenos te ofrecen
tu imagen reflejada
en el espejo insondable
del alma.

(Destino)

Barrio donde habita el tiempo de una vida
encerrada en sus calles.

Ahora os recuerdo con la nostalgia
brotando en la inocencia
de los años de entonces.

Barrio donde aprendimos
a soñar y a sentir
las primaveras tímidas,
los inviernos de plata,
el otoño encendido
en el oro del mundo,
y los veranos a la luz de la luna
en las noches
junto a un jardín
de mariposas libres
que rozaban las tapias.

Barrio que solo espera retornar
en la memoria de todo lo perdido.

(Aquel tiempo)

Todo este tiempo es un ingenuo modo
de ver volver, de cómo se transforma
lo que damos por bueno, lo que asombra
más allá de su paso, y es un vuelo
idéntico y distinto en cada instante
capaz de huir y de sembrar la duda
de todo lo que está surgiendo y deja
veloz a nuestro lado su memoria.

Todo este tiempo es una despedida,
un dejar en la orilla lo que sobra,
un ir deprisa sin que vuelvas nunca
la cabeza para mirar lo incomprendido
y estar ensimismado en lo que no sospechas
ni imaginas que solo en ti
se oculta la respuesta.

(Lo que no sospechabas)

La primera vez que fui a la escuela
me acompañó mi madre:
me llevaba de la mano
con el babi azul
del uniforme puesto.

Era el colegio
una extraña colmena de muchachos,
un patio y un pasillo de ventanales
donde los tiestos de geranios iban
brotando como sombras.

Supe siempre
descifrar en las letras el misterio
y la grandeza de sus formas,
escuchar en el eco
de sus labios la mirada del mundo.

Era el principio tan solo
de un largo laberinto,
la primera tentación
hacia el ancho horizonte
del saber y sus dudas.

La primera mañana fue infinita:
tanteé los abismos de las horas,
tuve claro que el tiempo era sin duda
un enemigo que nunca supe bien
dónde se esconde,

y no pude entender por qué se escapa
entre los dedos de la vida
hasta un lento naufragio
en el olvido oscuro de su trampa.

(Día de escuela)

Me daban miedo los muchachos,
su brutal sintonía,
el brusco dominio de lo absurdo:
matar lagartos con un lazo,
destronar tristes mariposas
en las flores más bellas,
cazar pájaros libres con liga en los arroyos,
desquiciar a los grillos en los huraños orificios
de los campos dorados del verano.

Nunca entendí hasta qué
conducía tanta muerte,
en qué destreza lamentable
estaba el modo de destruir la vida.

Me daba miedo cómo
solventaban las dudas:
las peleas, las piedras
que volaban a veces
a cantazos,
y en las frentes
abrían una brecha
de sangre y de violencia.

No pude comprender jamás
por qué tan insolente
era la forma
de demostrar la fuerza.

Por qué era siempre así
la asignatura
que debíamos aprobar
para hacernos mayores,
el examen difícil de la edad,
aprender
a desvivirnos tristemente
en un campo agostado
que al final siempre terminaba
en una ingenua pelea entre dos gallos.

(En el corral)

Supimos que en el sexo
todo estaba prohibido:
tocarse, desnudar la mirada
frente al desorden de tu cuerpo,
encenderse los ojos
cuando por la mañana
los domingos
nos mudaban de ropa.

Supimos que algo teníamos escrito
en nuestros rostros
cuando al rozarnos con los dedos
se erigía la carne en pulso erecto.

Era el miedo a brotar placer oculto,
a desbravar la sangre como un río
por los desfiladeros de las piernas.

Manábamos deseo,
pulcritud de ángel tibio,
y una luz de silencio nos dejaba
a oscuras esperando
una simple señal
que nunca llega,
la nota de una extraña sintonía
con ese cuerpo
que se desnudaba
en el fondo de cada pensamiento,
en la invisible voz oculta

del sexto mandamiento
siempre presente
en el reino de nuestra fantasía.

(El sexto mandamiento)

La desierta maleza del instante
en el que estoy sumido. La rotunda
oquedad de sus límites, el vuelo
libre de sus respuestas. La materia
descomunal del sol sobre la tarde,
y el paisaje del alma donde brotan
esas dudas. Todas las extrañezas
del vivir, los monótonos caminos
que desandamos al sentir que llegan
sus preguntas al fondo de las horas
que se encienden y mueren. El abismo
de vivir en el filo de un destello
nacido en el rescoldo de la noche
que atravesamos cuando estamos solos.

(Las eternas preguntas)

En los sueños del barrio hay una fuente,
una acequia de sombras escondidas,
una quietud de espigas que retornan
la rutina del tiempo, que se alberga
en un reloj de días silenciados
donde se desvanece la memoria.
Niños jugando y músicas dormidas
en un paisaje oculto sin historia.
Lentamente en sus ojos van creciendo
nubes blancas de eternos cielos blancos
que sienten cerca la letal costumbre
de habitar un invierno inacabado.
En los sueños del barrio hay un remanso
de lo que nunca dicen las palabras.

(Memoria en mí)

Mirábamos de reojo la esquina
de la televisión. Se dibujaban
los rombos negros como dos avisos
de la terrible realidad:
era el momento irrevocable de la cama,
la huida de los más pequeños a la alcoba
donde la perversión de esos programas
nos dejaba aislados.

Eternamente preguntamos
qué había en su interior,
qué se ocultaba detrás
de aquel aviso irreverente
que odiábamos callados.

Eran programas inocentes
como besos de una tía ya anciana.

El dibujo de las dos Juanolas del aviso
nos amargaba tras la cena
y nos abría en la mirada
preguntas sin respuesta,
tal vez imágenes terribles
de perversión y sangre,
quizás una manera
de presentir en el pecado
lo que nadie sabía,
el modo como
las parejas
deliraban de gozo.

Nadie se imaginaba otra manera
de sucumbir
en el deleite de lo más atrevido,
o saciar tus deseos por ti mismo
como era la costumbre tan secreta
que todos practicábamos
cuando estábamos solos
entre las sábanas ocultos.

(Dos rombos)

VA DEJANDO SUS PASOS EN LA HUELLA
que ha derramado el día cuando asoma
la luz. La calle duerme y el silencio
con precisión enciende cada hora
que el reloj de la vida va marcando.

Un murmullo de estrellas rasga el cielo.

La luna es bronce pálido y lejano
perdida en los abismos de la noche.

La esquina de la calle espera quieta
dibujando una arista que se esconde
como pálido asombro de misterio.

Rasga la nieve su velada calma
contra el silencio tibio de la ausencia.

Un copo herido cae brusco en el suelo.

(La mirada del frío)

EN LA RAMA DEL ÁRBOL QUE ELIGE LA SOMBRA
del corazón
tú te apoderas de su pálpito,
de su muda palabra, del alba de la rosa.

En esa rama que al brotar abruma al fruto
en su vibrante asombro de luz, pájaro enhiesto
de libertad.

Vuelas, asciendes
hasta la más lejana cima de ti mismo.

(Tú mismo)

NUNCA QUISIERA DEJAR DE RETOÑAR EN LAS RAMAS. NO podría saber de otra manera dónde habitas, en qué bosque de nieblas tristes ha madurado tu corazón. Nunca quisiera amar lo que tú no amas con el canto fugaz que abre los ojos hasta cerrar las alas cuando te vas muriendo despacio de tristeza. Pájaro en la quietud insondable donde espero el delirio fugaz de un día que amanece.

(La espera)

VOLANDO HAS ENCONTRADO LA LUZ muy próxima a tus ojos, has colmado el deseo de llegar a la cima del mundo. Y cuando has descubierto su belleza te has desnudado de tu plumaje y has desplegado las alas con suave música, como una sinfonía de soledad.

Y volando de nuevo has abrazado la penumbra cenital de este instante.

(Búsquedas)

Ahora el pájaro duerme: sediento en una flor se ha vuelto néctar para endulzar sus ojos tristes. El sol se esconde y deja entre sombras el día. El pájaro no sabe cómo escapar de su quietud, de su imborrable forma, de su ausencia. Vuela despacio, solamente llega hasta el campo de espigas que ha sembrado de luz la primavera esperando el fulgor de tiempos nuevos.
Retorna al sacrificio de esta hora entre dos luces.

Quema el atardecer con brasas viejas.

(Sueño de espigas)

He oído su lamento mientras por la ventana un reflejo de luna embriagaba la noche. Estaba quieto, solo, esperando la claridad para emprender el vuelo hasta los brazos de una rama y dormir junto al zureo de las palomas en las torres. El amor aquietaba su mirada como un árbol sin hojas reflejado en un río también esperanzado que la lluvia colme el seno con sus aguas. Escuché una vez más su grito tenue, su lamento. Después voló en la marea traslúcida (alto en la altura) y se perdió como una brisa negra en el azul de la mañana.

(De vuelo)

La tarde late con el frío sediento de la nieve. El pájaro ha dormido en la zanja de un campo estremecido como el alma de las flores heladas, desnudo y sigiloso, lánguido como las ramas que el vendaval desbroza, triste como la savia de los árboles mudos.

Quebró el borroso cristal de sus ojos cetrinos y no se despertó cuando temblaba el sol al derramarse en el brocal de los pozos del alba.

(Invierno)

SIEMPRE ESE PÁJARO LLORA, lo escucharás si pones
tu oído al corazón de las espigas,
si cuando gime
el sol está cerrando el horizonte entre las voces
de la madrugada.

Este pájaro no sabe dónde nace la furia del dolor,
pero se llena de una serenidad
de fuente y brisa, de un quejido de música callada.

Este pájaro asciende hasta la altura y se detiene
y mira,
y está desnudo entre las azucenas olvidado
esperando que vuelvas hasta la cima y le roces
las alas.

Luego descenderá sobre la tarde en calma.

Cuando cierre los ojos habrá muerto la luz definitivamente.

(Dolor de ausencia)

Envuelve en la pulpa la rama vencida del árbol. Mora la luminosa incertidumbre del sol sobre sus hojas, la impasible ternura de la miel. El agua enrojecida del interior frondoso de su carne. Con el pico rastrea las migajas del alba, el terciopelo solitario de la piel de la fruta, el corazón jugoso que se enciende con la sangre dorada del verano. Su canto es la aventura que ha culminado el alba, la más alta levedad del abismo en su pico de seda.

(En la rama)

El deseo de volar solitario, errante por las alamedas de la memoria, por los bosques azules, por los oscuros pasadizos donde la luz esconde su lenguaje de fuego. El deseo de huir hasta el territorio sembrado de la noche que las estrellas besan con sabor de algas dulces, con melodiosa transparencia. Volar hasta el precipicio y que los ojos nada vean. Volar hasta el origen de la música y envolverse de gratitud frente al sonido que su silencio alcanza con un destello de armonía, con una melodía dibujada en el color de las alas del abismo.

(Música)

¿A QUÉ ESPERA LA LLUVIA para perderse en tu cintura? ¿A quién esconde tu rostro de ojos lívidos y desnudos? Serás humo de silbidos de plata, sangre de un cuchillo de labios sin contorno. Elegirás la luz ansiosa que te ciega porque no sabes iluminar callejones de niebla hasta perderte en un campo de miel y de jazmín sangriento.

(Ausencia)

CON EL AMOR UN VUELO dulce te abraza, una voz tan pequeña que nadie escucha dice palabras insondables. En el amor el pájaro sube y elige la altura desde donde poder caer al fondo de otro abismo. En el amor la bruma no sabría esconderte, saciar tus ansias de inmensidad, pronunciar tus palabras fundidas de deseo.

En el amor (pájaro herido) retornas cabizbajo después de la batalla.

(Batallas de amor)

Un pájaro vendrá contigo. Será la mirada del cristal, el humo inocente, el hielo de la desilusión, el valor quemado de la ausencia.

Un pájaro entornando las puertas de la casa vacía consumará la música que me arrastra contigo hasta la noche.

(Contigo)

VERANO. Y los días tan largos, tan ardientes, llenos de la luz que intensa se refugia en el alma del jardín. El pájaro se oculta en la sombra de un pino bajo la fiel retina de la luna, en el acantilado de las ramas como agujas de miel. Verano adormecido bajo la luz que esconde una ráfaga azul que incendia tu mirada. Pájaro en los destellos de la miel.

Sediento donde bebes la libertad cuando al volar te pierdes en la noche.

(Fuente amarga)

Con este septiembre que la luz esconde en un pasadizo frágil, en la cumbre donde pervive el alma de los pájaros negros que van desentrañando en el azul sus últimos racimos robados al lenguaje del corazón, en la infinita soledad de los caminos que a lo lejos se pierden con los pasos ya encerrados en la cárcel del agua.

(Otoño)

HAS DE VOLVER. Dirán que te has perdido y que no hay forma de salvar tu retorno, y me darás la clave de la puerta que abre tu corazón en vuelo, y cuando esté tan próximo que ya seamos uno, intentaré también volar, acompañarte por los aires más libres.

Salvaré lo que quede de aquel naufragio en el que el mar del sueño nos dejó varados en la orilla.

(Mar del sueño)

PORQUE TAMBIÉN TÚ eres hijo de la muerte. Porque tu paso es el delirio del deseo. Habitas el amor, lo frágil del olvido. Porque el fruto se pierde en el pálpito del paraíso donde duermes.

No habrá vuelta al origen cuando te hayas marchado para siempre.

(Ausencia)

En ti florece mi jardín, el que quise plantar de infancia para que tú volases a la orilla donde los árboles sestean en un fértil verano. En ti está quieto el devaneo limpio de los vientos callados. No he sabido vivir en otro corazón, en otra duda.

Tú, pájaro tan pequeño, elemental, en mi alma secretamente moras.

(El secreto)

Fue en el verano de una infancia dorada: los días habitados por la belleza y el rumor de las hojas de los árboles al encender el sol el temblor de sus ramas. Fue en el tiempo dormido de la luz que encendía el vuelo de los pájaros libres.

(Días de sol)

TE VAS.
Cuando veo alejarse tu cuerpo dócil, el color de tus alas cuando te alzas sobre la rama última de mis ojos, y te pierdes a lo lejos, en medio del azul de un cielo limpio que dibujan las nubes blancas
como la mirada débil de la muerte.

Te vas. No puedo retenerte: ahora tu vuelo es una pregunta que no podré responder jamás cuando te vayas.

(Adiós)

ÍNDICE

Este libro se terminó de editar en Granada
en enero de 2025 por

www.aversopoesia.com
hola@aversopoesia.com